명연설 시리즈 02
스티브 잡스의 세 가지 이야기

스탠포드 대학교
2005년 졸업식 연설

그림 우덕환

성균관대학교를 졸업하고 무역업에 종사하다 만화가의 길로 들어섰다.
대표작으로는 《리더를 위한 한국사 만화 시리즈》, 《곱빼기 삼국지》, 《우리나라 이야기》 등이 있다.

영어 번역 김지성

김지성은 판타지 동화 〈프리데인 연대기 시리즈〉와 그림책 〈어느 멋진 아침〉을 번역했다.

스티브 잡스의 세 가지 이야기
스탠포드 대학교 2005년 졸업식 연설

2019년 12월 5일 초판 발행

글 스티브 잡스 | **그림** 우덕환
영어 번역 김지성

펴낸곳 아이란 | **펴낸이** 장한담
책임편집 수천석 | **마케팅** 김태준 김경옥
주소 서울특별시 마포구 잔다리로 120 성동빌딩 303호
전화 02-747-1577 | **팩스** 02-747-1599

디자인 유광수 | **인쇄** JK프린팅

값 12,000원 | **ISBN** 978-89-94443-99-7
*잘못 만든 책은 바꾸어 드립니다.

이 도서의 국립중앙도서관 출판예정도서목록(CIP)은 서지정보유통지원시스템 홈페이지(http://seoji.nl.go.kr)와 국가자료공동목록시스템(http://www.nl.go.kr/kolisnet)에서 이용하실 수 있습니다. (CIP제어번호 : CIP2019045524)

스티브 잡스의 세 가지 이야기

스탠포드 대학교 2005년 졸업식 연설

2005

오늘 제가 이렇게 세계 최고의 명문 대학교 졸업식에 참석하게 된 것은 큰 영광입니다. 솔직히 말하면 저는 대학을 졸업하지 못했습니다. 그리고 대학교 졸업식을 이렇게 가까이서 보는 것도 태어나서 처음입니다. 저는 오늘 제가 살면서 겪었던 세 가지 이야기를 하려고 합니다. 그리 거창한 건 아닙니다. 그저 **세** 가지 이야기일 뿐입니다.

첫 번째 이야기는 인생의 작은 점 같은 순간들이 어떻게 미래에 연결되는지에 관한 이야기입니다.

저는 리드 대학(Reed College)에 입학하고 나서 6개월 만에 중퇴했습니다. 그 후 대학 주변에 머물면서 강의를 듣다가 1년 반 후에는 그것마저 그만두었습니다. 제가 왜 대학을 중퇴했을까요? 그 이야기를 하려면 제가 태어나기 이전으로 거슬러 올라가야 합니다.

리드 대학

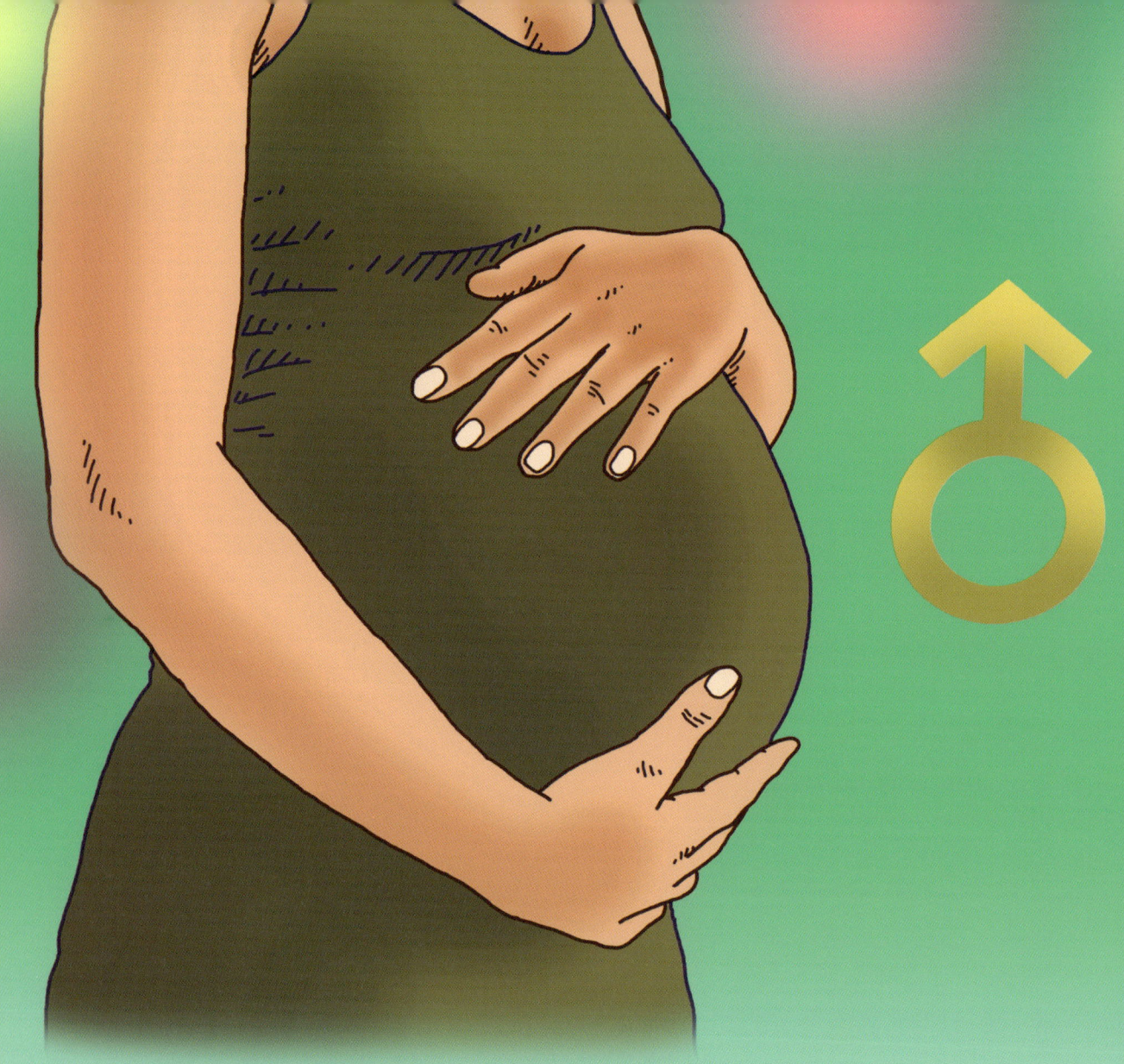

저를 낳아 주신 어머니는 대학원생으로 젊은 미혼모였습니다. 그래서 저를 입양 보내기로 결정했습니다.

    저를 낳아 주신 어머니는 대학을 졸업한 부부가 저를 입양하기를 간절히 원했고, 제가 태어나면 어느 변호사 부부가 입양하기로 되어 있었습니다. 하지만 그분들은 제가 태어나자 여자아이를 입양하는 것으로 마음을 바꾸었습니다.

그래서 대기자 명단에 있던 지금의 부모님이 한밤중에 전화를 받게 되었습니다.
"예정에 없던 사내아이가 태어났는데 혹시 입양하시겠습니까?"
그분들이 대답했습니다.
"당연하지요. 입양하겠습니다."

하지만 저를 낳아 주신 어머니는 현재의 어머니가 대학교를 나오지 않았고 아버지는 고등학교도 졸업하지 않았다는 사실을 알고는 입양 동의서에 최종 사인을 하지 않았습니다. 몇 달 후 그분들이 저를 대학까지 보내겠다고 약속하자 어머니는 고집을 꺾고 입양에 동의했고, 이것이 제 인생의 시작이었습니다.

17년 후에 저는 대학교에 입학했습니다. 그러나 저는 순진하게도 학비가 이곳, 스탠포드 대학교만큼이나 비싼 대학을 선택했고, 평범한 노동자였던 부모님은 그동안 애써 모은 재산을 전부 제 학비로 쓰게 되었습니다.

6개월 후에 저는 생각했습니다. 대학생활이 저에게 그만한 가치가 없어 보였습니다. 저는 제가 무엇을 하고 싶은지 알 수 없었고, 제가 하고 싶은 것을 찾는 데 대학이 얼마나 많은 도움이 되는지도 알 수 없었습니다. 그러면서도 부모님이 평생 모은 재산을 쏟아 부어야 하는 상황이었습니다.

그래서 저는 모든 일이 잘 될 것이라고 믿고 중퇴를 결심했습니다. 당시에는 무척 두려웠지만 돌이켜보면 그것이 제 인생 최고의 결정 중 하나였습니다.

자퇴 후에는 흥미 없는 필수 과목들 대신에 관심 있는 강의들을 듣기 시작했습니다. 그렇다고 해서 대학 생활 전부가 낭만적이었던 것은 아니었습니다. 기숙사 생활을 할 수 없었기 때문에 친구 집 방바닥에서 잠을 자기도 했고, 보증금 5센트짜리 콜라병들을 모아 끼니를 때우기도 했습니다.

매주 일요일이면 모처럼 제대로 된 식사를 하기 위해 7마일을 걸어 해리 크리슈나 사원의 예배에 참석하기도 했습니다. 하지만 정말 행복했습니다. 호기심과 직감만을 믿고 저지른 많은 일들이 훗날 대단히 소중한 경험이 되었습니다.

예를 하나 들어 볼까요? 리드 대학은 당시에 미국 최고의 서체(書體) 교육 과정을 개설했습니다. 교내 곳곳에 붙어 있는 포스터와 서랍마다 붙어 있는 라벨은 모두 손으로 그린 아름다운 서체들이었습니다.

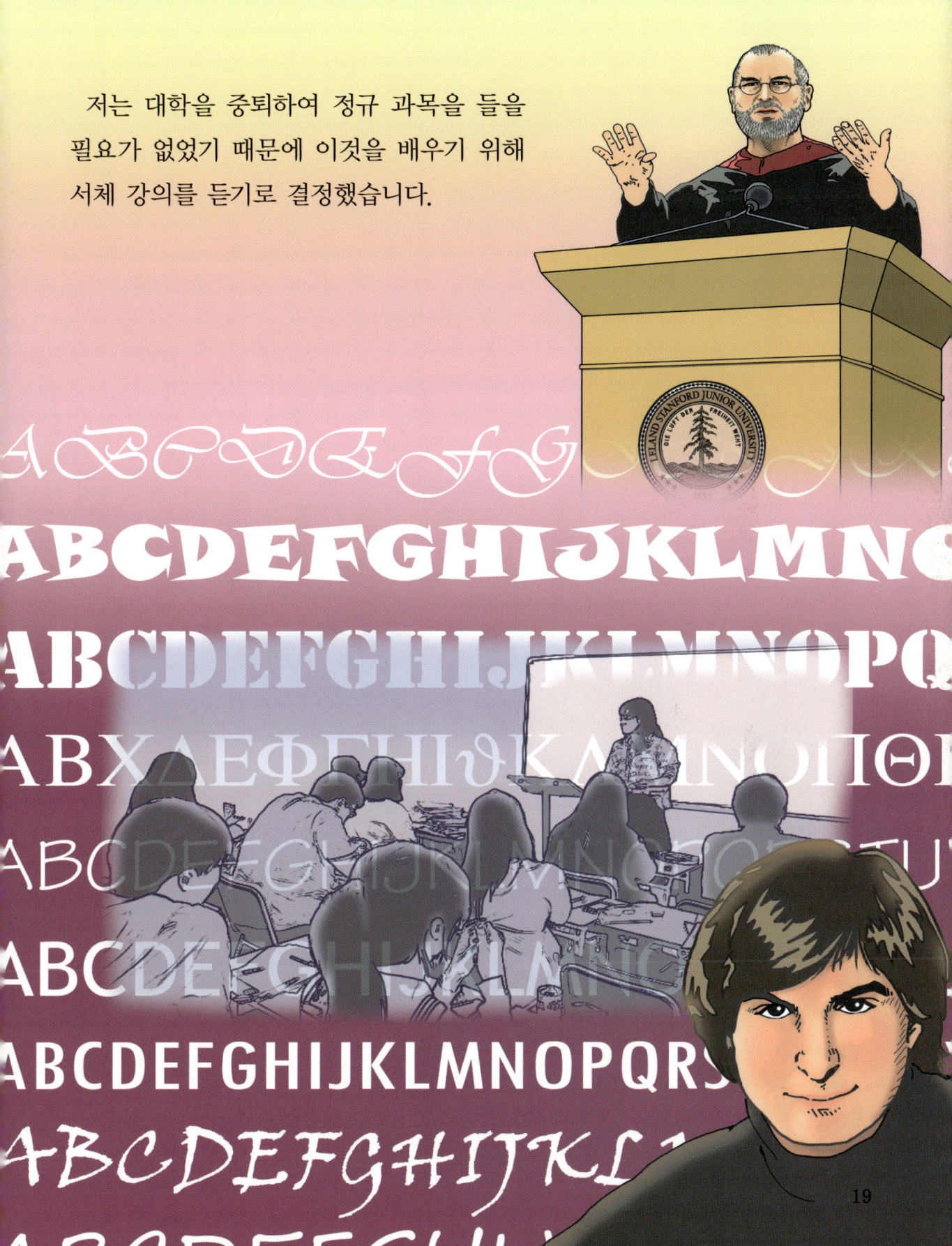

그때 저는 **세리프와 산세리프체를** 배웠고, 그것들이 다른 글자체와 조합될 때 생기는 여백의 다양함을 배웠으며, 훌륭한 글자체의 본질을 배웠습니다.

훌륭한 글자체는 아름다울 뿐만 아니라 유서가 깊고, 예술적으로도 미묘한 것이어서 과학으로는 도저히 이해할 수 없는 것이었습니다. 저는 매료되고 말았습니다.

이 가운데 그 어느 것도 제 인생에 실질적인 도움이 될 것 같지 않았지만, 그것들은 10년 후에 우리가 첫 번째 매킨토시 컴퓨터를 디자인할 때 고스란히 나에게 돌아와 빛을 발했습니다. 우리는 그 모든 것을 적용하여 매킨토시 컴퓨터를 디자인했고, 매킨토시는 아름다운 서체를 가진 세계 최초의 컴퓨터가 되었습니다.

만약 제가 그 강의를 듣지 못했다면, 매킨토시에는 **복수 서체 기능**이나 **자동 자간 맞춤 기능**이 없었을 것이고, 윈도우는 매킨토시를 베껴서 만들었기 때문에, 말할 것도 없이 여러분이 사용하는 PC도 해당 기능들을 탑재할 수 없었을 것입니다.

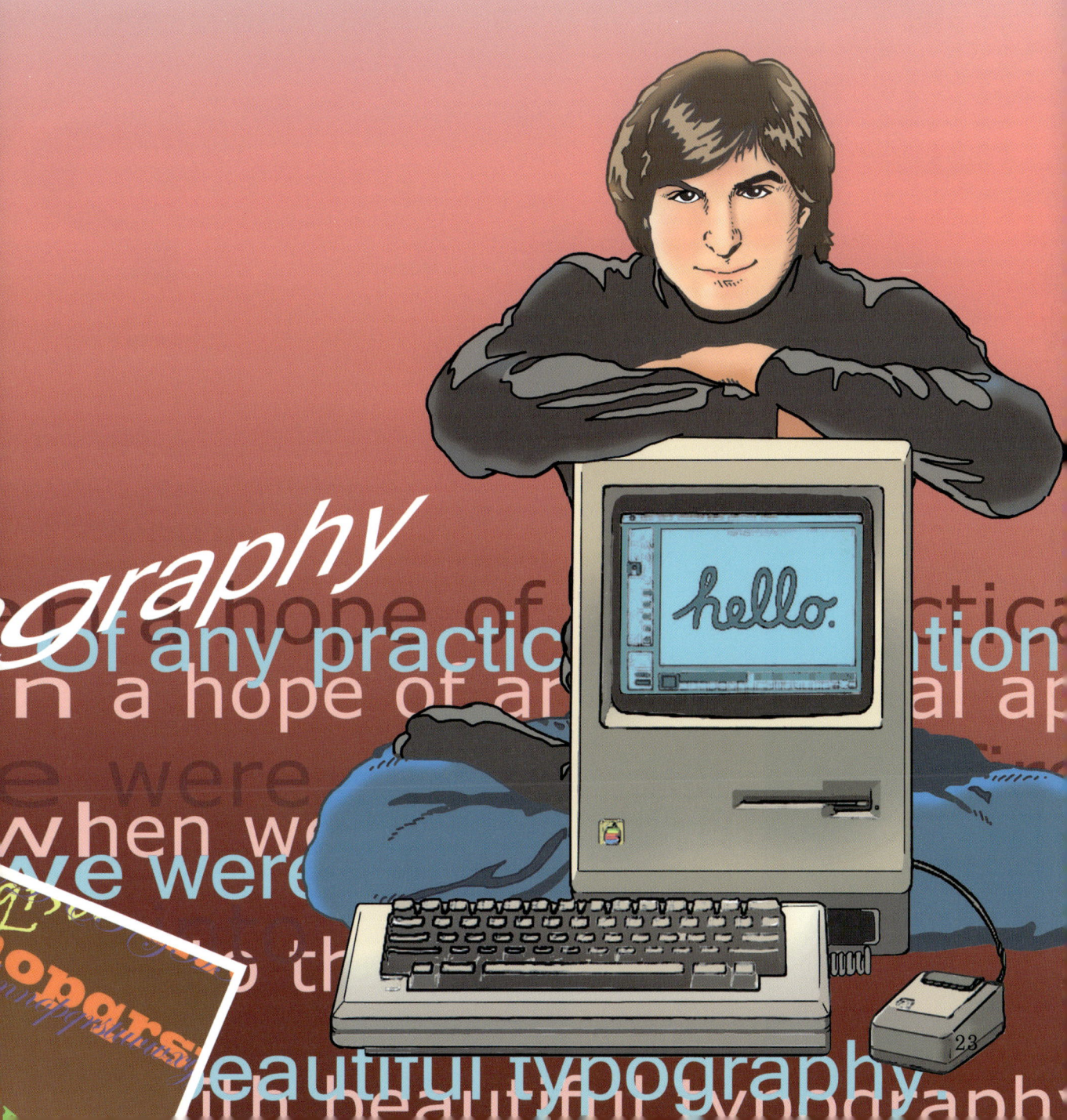

 제가 만약 대학을 중퇴하지 않았다면 서체 수업을 듣지 못했을 것이고, 그랬다면 PC에는 오늘날 우리가 볼 수 있는 뛰어난 글자체는 없었을 것입니다.

　물론 제가 대학에 다닐 때는 그런 순간들이 미래에 어떻게 연결될지 알 수 없었습니다. 그러나 10년이 지난 지금, 모든 것이 너무나도 명백하게 보입니다.

다시 말하지만, 여러분은 현재의 순간들이 미래에 어떤 식으로 연결될지 알 수 없습니다. 여러분이 성장하여 과거를 돌아볼 때에만 현재의 순간들이 어떤 식으로 연결되었는지를 알 수 있을 것입니다.

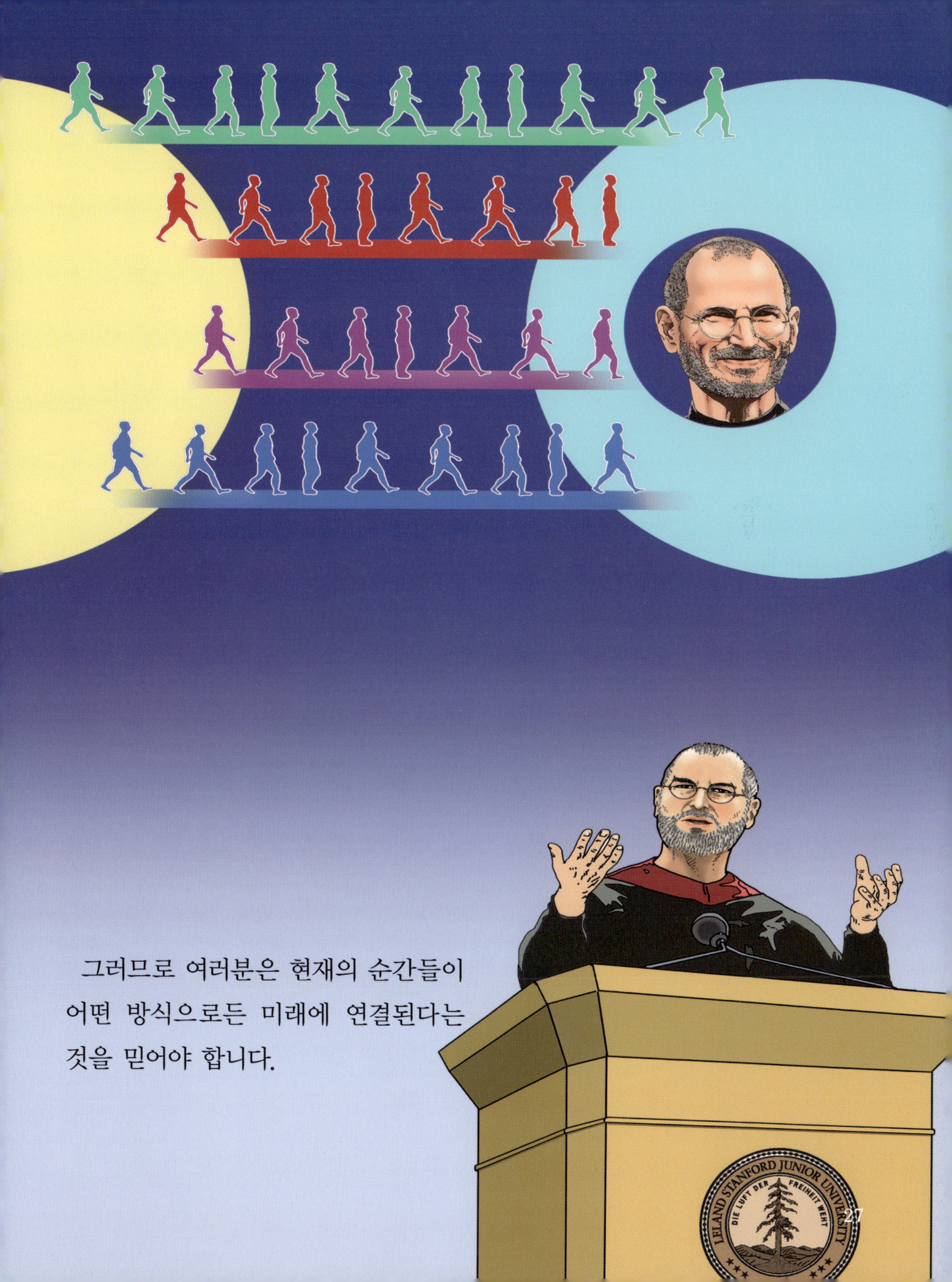

그러므로 여러분은 현재의 순간들이 어떤 방식으로든 미래에 연결된다는 것을 믿어야 합니다.

여러분은 직감, 운명, 인생, 업보 등 무엇이든 하나는 믿어야 합니다. 왜냐하면 현재의 순간들이 미래로 연결된다는 믿음이, 여러분이 자신의 마음이 말하는 대로 길을 걸어갈 때, 여러분에게 자신감을 줄 것이기 때문입니다.

심지어 그 길이 험한 길일지라도 그럴 것이며, 그렇게 간 길이 다른 사람들과의 차이를 만들어 줄 것입니다.

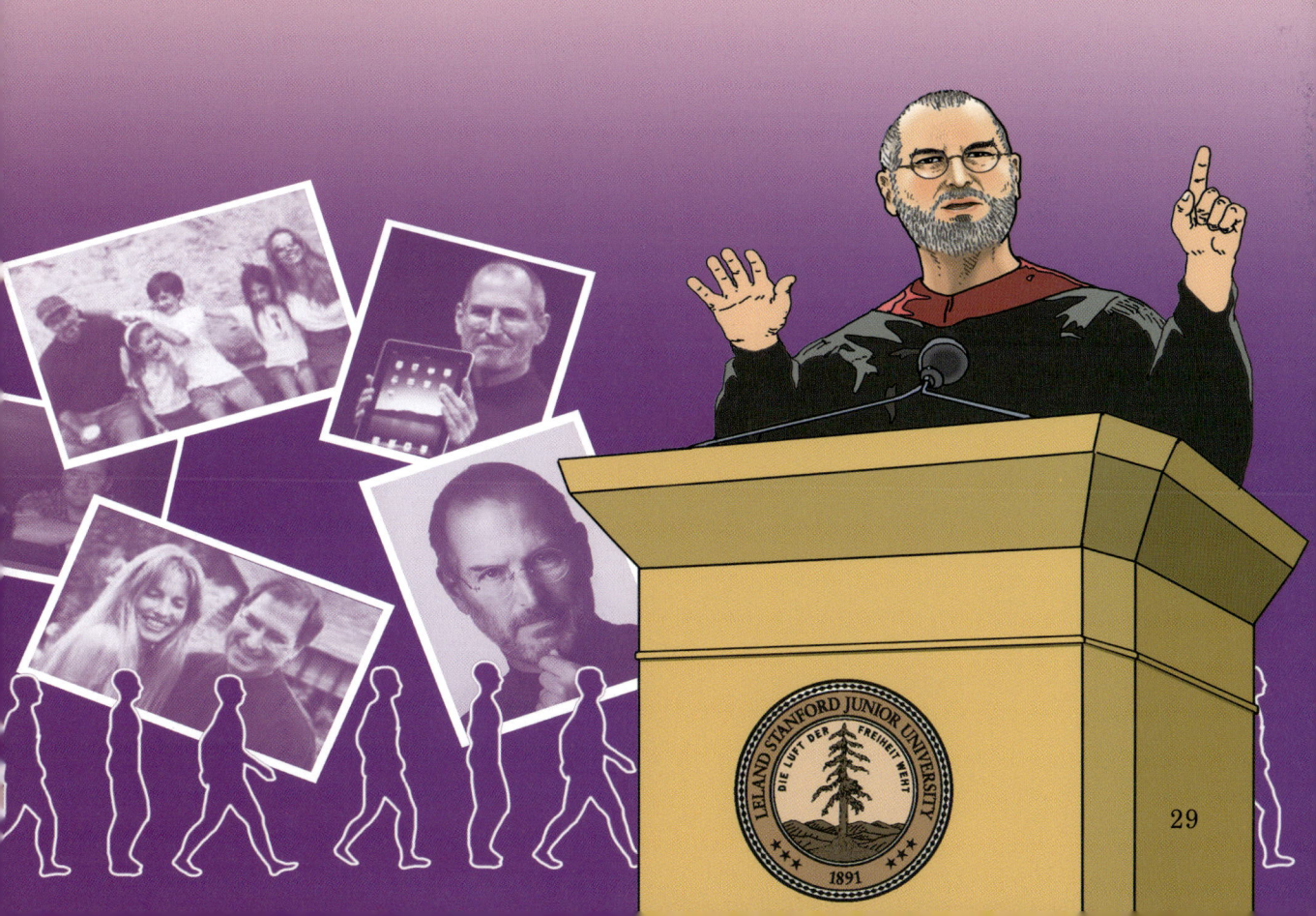

두 번째 이야기는 사랑과
실패에 관한 이야기입니다.

저는 운이 좋게도 인생에서 하고 싶은 일을 일찍 발견했습니다. 제가 스티브 워즈니악과 함께 부모님의 차고에서 애플사를 세운 것은 20살 때입니다.

1976

저희는 열심히 일했고, 그 덕분에 차고에서 2명으로 시작한 애플사가 10년 만에 4,000명 이상의 직원을 거느린 2백억 달러(약 24조 원) 규모의 기업이 되었습니다. 우리는 최고의 작품, 매킨토시를 출시했고 그때 제 나이 30이었습니다.

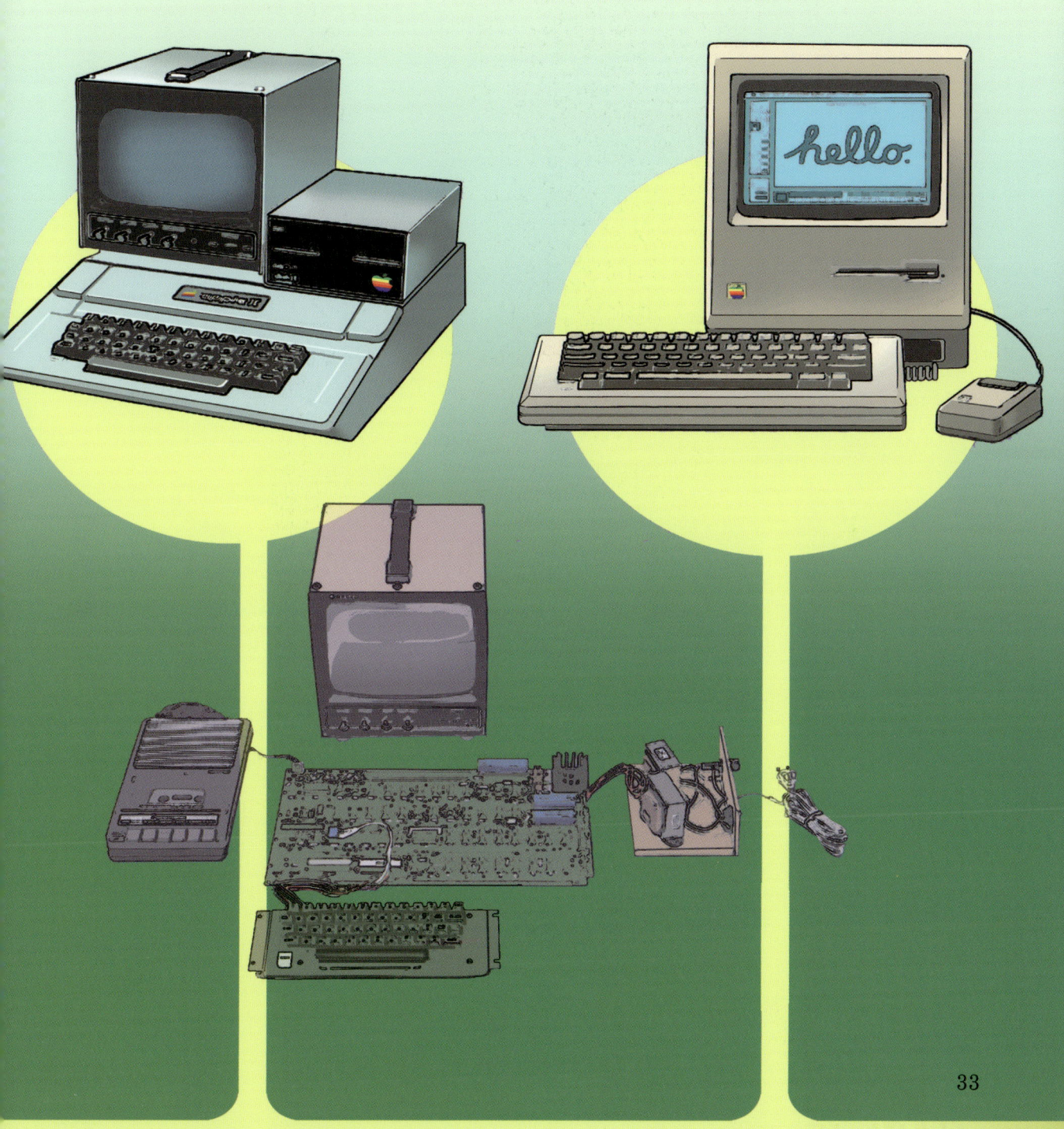

그러나 저는 곧 해고를 당했습니다. 어떻게 자기가 창업한 회사에서 해고 당할 수 있는지 궁금하시지요?

  당시 애플은 폭발적으로 성장했고, 저는 저와 함께 회사를 운영할 대단히 유능한 경영인을 데려왔습니다. 처음 1년 정도는 그런 대로 잘 돌아갔습니다. 그런데 어느 시기부터인가 미래에 대한 비전이 서로 어긋나기 시작했고 결국 우리 둘 사이도 삐걱거리기 시작했습니다.

그때 회사의 경영진들은 그 사람(존 스컬리)의 편을 들었고, 저는 30살에 아주 공개적으로 쫓겨났습니다. 저는 그 당시, 인생의 초점을 잃었을 뿐만 아니라 참담한 심정이었습니다.

저는 실제로 몇 개월 동안 아무것도 할 수가 없었습니다.
선배 벤처 창업가들의 명예를 떨어뜨린 것만 같았습니다. 그때의 기분은
마치 동료가 저에게 건네 준 바톤을 제가 떨어뜨린 것 같은 기분이었습니다.

데이비드 패커드(HP 공동 창업자)와 밥 노이스(인텔의 공동 창업자)를 만나 이렇게 멍청한 바보짓을 한 것에 대해 사과했습니다. 저는 실패의 본보기였고 심지어 실리콘 밸리에서 도망쳐야겠다고 생각했습니다.

그러나 제 마음속에서 무언가 다시 천천히 일어나기 시작했습니다. 저는 여전히 제가 했던 일들을 사랑하고 있었고, 애플에서 겪었던 일들조차 그 마음을 꺾지 못했습니다. 해고를 당했지만 여전히 일에 대한 사랑은 식지 않았습니다. 그래서 저는 다시 시작하기로 마음먹었습니다.

　당시에는 몰랐지만 애플에서 해고당한 것은 제 인생 최고의 사건이었습니다. 성공이라는 중압감 대신 새롭게 시작하는 초심자의 홀가분함을 느꼈고, 제 앞에 정해진 것은 없었습니다.
　그런 자유로움으로 인해 제 인생 최고의 창의력을 발휘하는 시기로 나아갈 수 있었습니다.

그 이후 5년 동안 저는 넥스트(NeXT)와 픽사(Pixar)라는 회사를 세웠고 현재 제 아내가 된 훌륭한 여성과 사랑에 빠졌습니다.

픽사(Pixar)는 컴퓨터를 사용한 세계 최초의 3D 애니메이션 〈토이 스토리〉를 만들었고, 지금은 세계에서 가장 성공한 애니메이션 제작사가 되었습니다.

그리고 세기의 사건이 터졌습니다. 제가 애플로 복귀하고 애플은 넥스트(NeXT)를 인수한 것입니다. 그 후 넥스트(NeXT)에서 개발했던 기술들은 현재 '애플의 르네상스'에서 중추적인 역할을 하고 있습니다. 또한 로렌과 저는 행복한 가정을 꾸리고 있습니다.

애플에서 해고당하지 않았다면 이 많은 일들이 일어나지 않았을 것입니다. 좋은 약은 입에 쓴 법입니다. 간혹 인생이 여러분의 뒤통수를 때리더라도 결코 믿음을 잃지 마십시오. 계속해서 저를 움직이게 했던 힘은 오로지 제가 했던 일에 대한 저의 사랑이었다고 확신합니다.

여러분도 여러분이 사랑하는 것을 찾아야 합니다. 이것은 일에 있어서도 연인에 있어서도 마찬가지입니다.

일은 여러분 인생의 커다란 부분이 될 것이고, 여러분이 훌륭하다고 믿는 일을 할 때 그 일이 여러분에게 최고의 만족을 선사할 것입니다. 그리고 훌륭한 일을 하기 위한 유일한 방법은 여러분이 하는 일을 사랑하는 것입니다.

아직 그 일을 찾지 못했다면, 현실에 안주하지 말고 끊임없이 찾기 바랍니다. 여러분이 성심을 다한다면 반드시 찾을 수 있을 것입니다. 위대했던 모든 관계들이 그랬던 것처럼 시간이 가면 갈수록 더 좋아질 것입니다. 그러므로 여러분이 그 일을 발견할 때까지 계속 찾기를 바랍니다. 현실에 안주하지 마십시오.

세 번째 이야기는
죽음에 관한 이야기입니다.

17살 때 저는 이런 경구를 읽은 적이 있습니다. "매일매일을 인생의 마지막 날처럼 산다면 언젠가는 옳았다는 것을 알게 될 것이다."

이 글에 감명받은 저는 그 이후로 지난 33년간 매일 아침 거울을 보면서 제 자신에게 묻곤 했습니다.

'오늘이 내 인생의 마지막 날이라면 지금 하려고 하는 일을 할 것인가?' 며칠 연속 'No'라는 대답을 하면 저는 변화가 필요한 시점이라고 느꼈습니다.

인생에서 커다란 결단을 내릴 때마다 저는 '내가 곧 죽는다'는 생각을 가장 중요한 도구로 활용해 왔습니다. 왜냐하면 다른 사람들의 기대, 모든 자부심, 수치스러움과 실패에 대한 그 어떤 두려움도 '죽음' 앞에서는 모두 힘을 잃고 오직 진실로 중요한 것들만 남기 때문입니다.

 곧 죽을 것이라고 생각하는 것은 여러분이 무엇을 잃을지도 모른다는 두려움에서 벗어나는 가장 좋은 방법입니다. 여러분은 잃을 것이 아무것도 없습니다. 그러므로 여러분은 자신의 마음이 이끄는 대로 살아가야 합니다.

저는 1년 전쯤 암 진단을 받았습니다. 아침 7시 반에 검사를 받았는데 췌장에 악성 종양이 보였습니다. 그때까지 췌장이 뭔지도 몰랐죠. 의사들은 거의 치료할 수 없는 종류의 암이라고 말했고, 저에게 길어야 3개월에서 6개월밖에 살 수 없다고 했습니다. 주치의는 집으로 돌아가 신변 정리를 하라고 말했습니다.

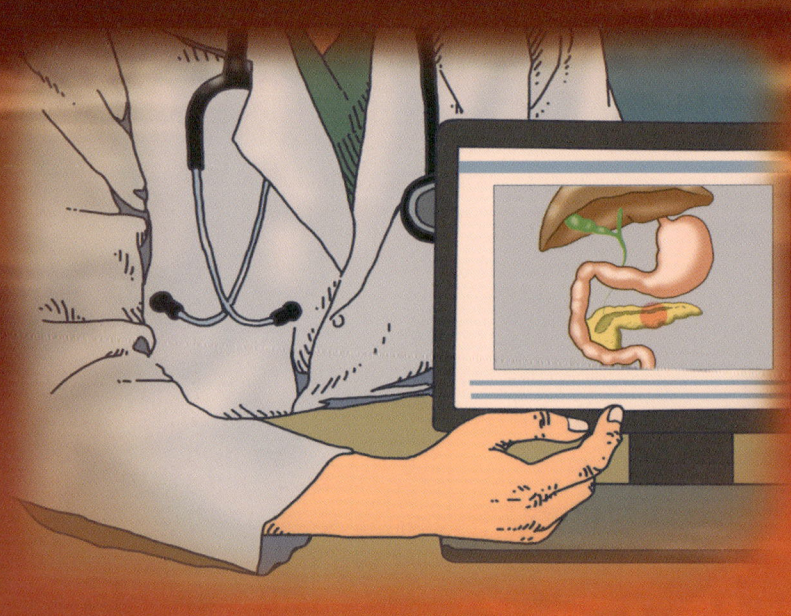

죽음을 준비하라는 뜻이었지요. 그 말은 내 아이들에게 10년 동안 해 줄 것을 단 몇 달 만에 다 해야 한다는 뜻이었고, 가족들이 임종할 때 헤어지기 쉽도록 모든 일을 정리하란 의미였으며, 작별 인사를 준비하라는 말이었습니다.

저는 하루하루 시한부 인생을 살고 있었습니다. 어느 날 저녁, 조직 검사를 받았습니다. 입으로 내시경을 넣어 위와 장을 지나 췌장에서 암 세포를 채취하는 검사였습니다

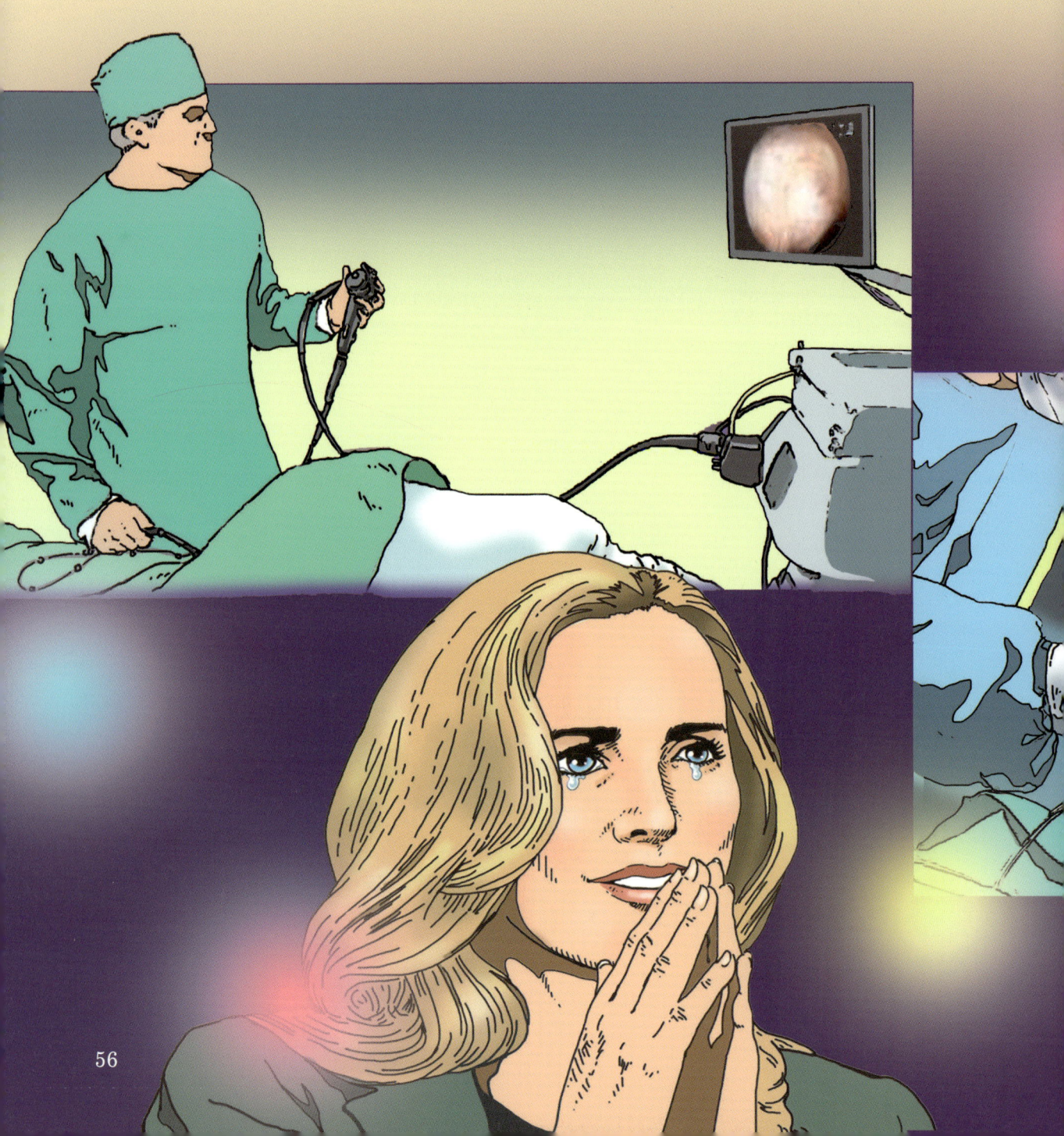

저는 마취 상태였는데 검사 후에 아내가 말해 주기를 의사들이 현미경으로 세포를 분석한 뒤, 나의 췌장암은 수술로 치료가 가능한 매우 희귀한 종류의 췌장암이라는 것을 알고는 기쁨의 눈물을 흘렸다고 합니다. 저는 수술을 받았고 감사하게도 지금은 완치가 되었습니다.

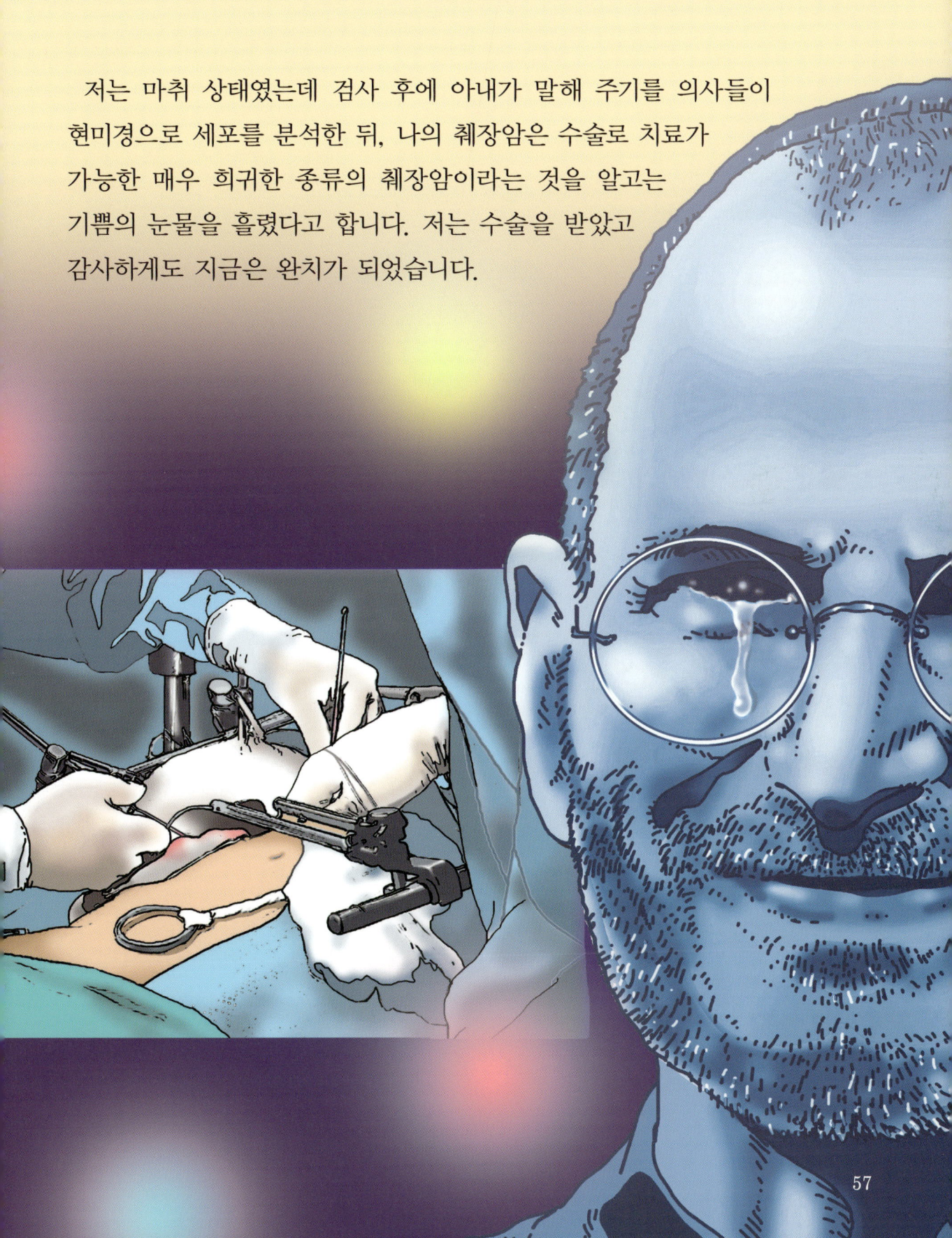

그때만큼 제가 죽음에 가까이 가 본 적은 없는 것 같습니다. 또한 앞으로도 수십 년간은 그렇게 되지 않기를 바랍니다.

　이런 경험을 해 보니 죽음이 때로는 유용하다는 것을 머리로만 알고 있을 때보다 더 자신 있게 말할 수 있습니다.

그 누구도 죽는 것은 원하지 않습니다. 천국에 가고 싶다는 사람들조차 그곳에 가기 위해 일부러 죽고 싶어 하지는 않습니다. 그러나 죽음은 우리 모두의 숙명입니다. 누구도 피할 수 없습니다. 그리고 그래야만 합니다. 왜냐하면 삶이 만든 최고의 발명품이 죽음이니까요.

죽음은 삶을 대신하여 새로움을 만듭니다. 지금 이 순간 신세대는 여러분이지만 머지않아 여러분도 구세대가 되어 사라져 갈 것입니다. 너무 극적으로 들렸다면 죄송하지만 엄연한 사실입니다.

　여러분의 시간은 한정되어 있습니다. 따라서 다른 사람의 삶을 사느라 시간을 낭비하지 마십시오. 타인이 생각한 결과물에 불과한 헛된 고정관념에 빠지지 마십시오. 타인의 견해가 여러분 내면의 목소리를 삼키지 못하게 해야 합니다.

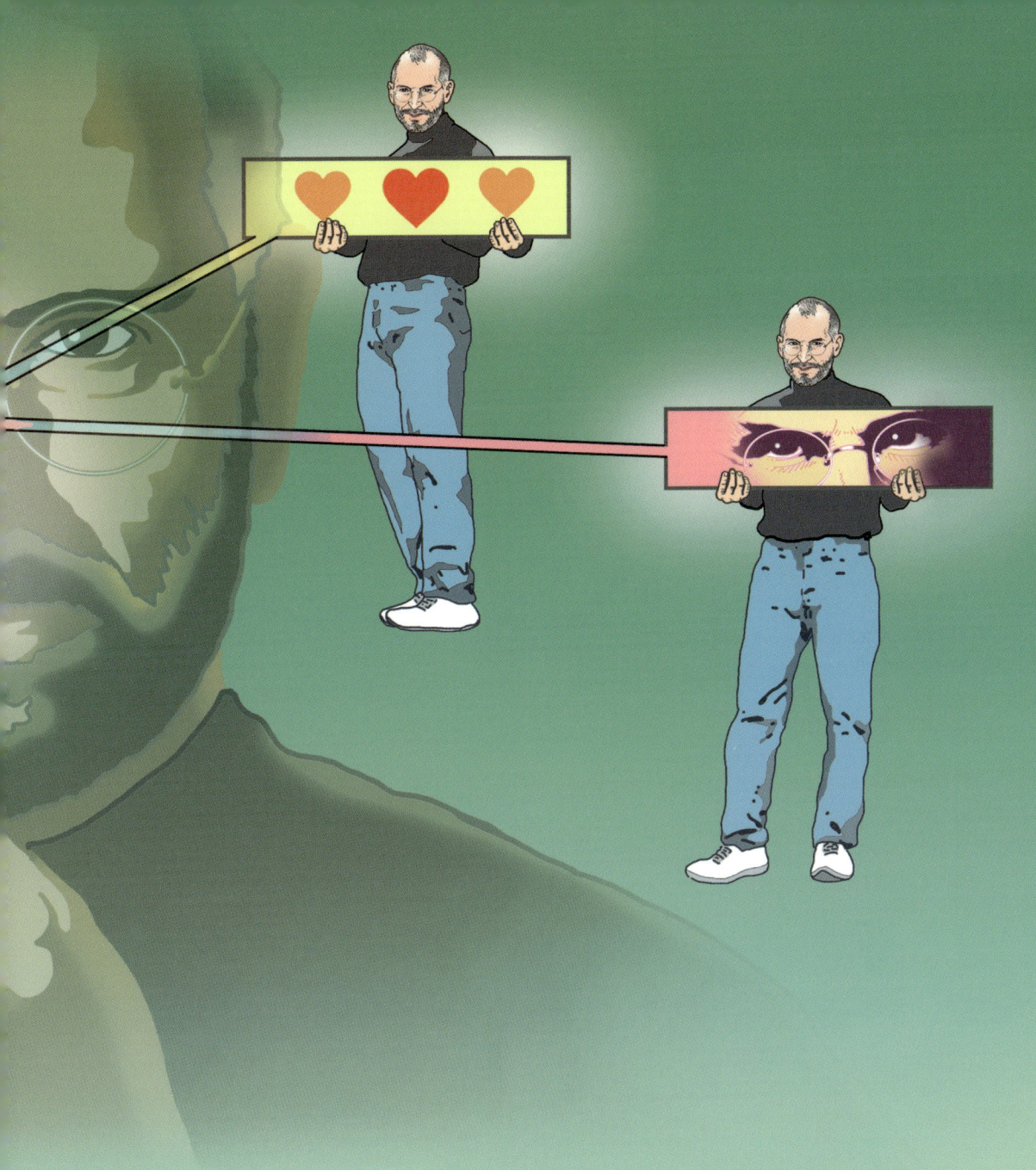

 또한 가장 중요한 것은 가슴과 직감을 따르는 용기입니다. 이미 여러분의 마음과 직감은 여러분이 하고자 하는 바를 알고 있습니다. 그 외의 모든 것은 부차적인 일입니다.

제가 어렸을 때 〈지구 백과〉라고 하는 놀라운 책이 있었는데, 저희 세대에게는 바이블과 같은 책이었습니다. 여기서 그리 멀지 않은 멜로 파크라는 곳에 사는 스튜어트 브랜드라는 사람이 쓴 책으로, 우리의 인생에 시적 감각을 불러일으키는 책이었지요.

개인용 컴퓨터나 전자 출판이 존재하기 전인 1960년대 후반이었기 때문에 이 책은 단순히 타자기, 가위, 일회용 카메라인 폴라로이드 카메라로 제작했습니다. 구글이 등장하기 35년 전, 종이로 만든 구글과 같은 책이라고 할 수 있습니다. 그 책은 이상을 추구했고 깔끔한 도구와 위대한 생각들로 가득찬 역작이었습니다.

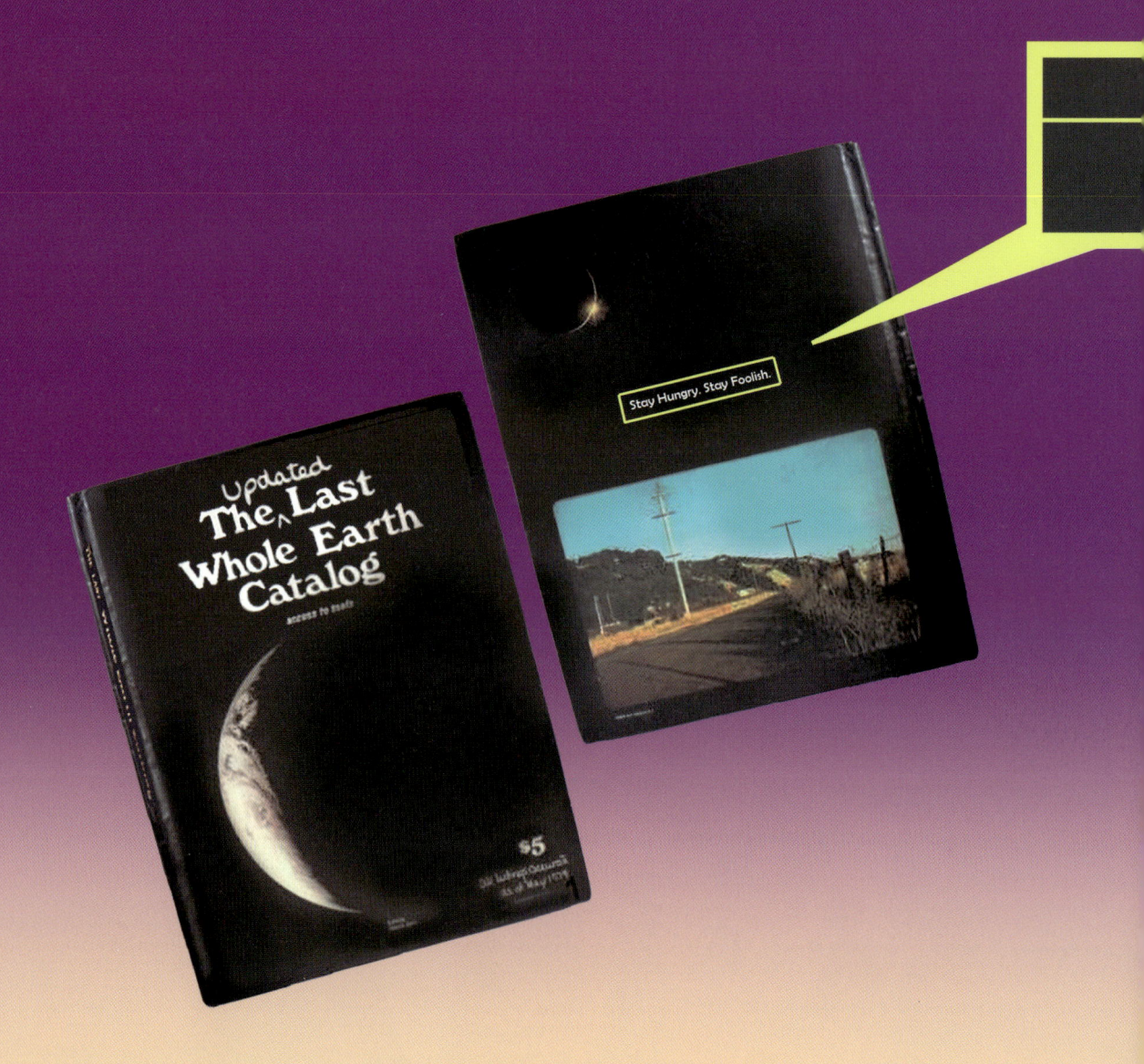

스튜어트와 그의 친구들은 몇 번의 개정판을 내놓았고, 수명이 다할 때쯤에 최종판을 내놓았습니다. 그때가 70년대 중반, 제가 여러분 나이였죠.

항상 열망하라. 그리고 항상 겸손하라.
(Stay Hungry. Stay Foolish.)

　최종판 뒤쪽 표지에는 이른 아침 시골길 사진이 있었는데, 모험심이 많은 사람이 히치하이킹을 시도할 만한 시골길이었습니다. 그 사진 밑에는 이런 말이 있었습니다.
　"항상 열망하라. 그리고 항상 겸손하라. (Stay Hungry. Stay Foolish.)"

그것은 그들이 책을 마무리하는 작별 인사였습니다.
"항상 갈구하라. 그리고 교만하지 말라. (Stay Hungry Stay Foolish)"
저도 항상 그러기 위해 노력했습니다. 그리고 저는 지금, 새롭게 시작하기 위해 대학교를 졸업하는 여러분들도 그러기를 희망합니다.

"항상 갈망하라. 그리고 항상 우직하게 나아가라. (Stay Hungry Stay Foolish)"

대단히 감사합니다.

2005 Stanford Commencement Address

Steven Paul Jobs

I am honored to be with you today at your commencement from one of the finest universities in the world. I never graduated from college. Truth be told, this is the closest I've ever gotten to a college graduation. Today I want to tell you three stories from my life. That's it. No big deal. Just three stories.

The first story is about connecting the dots.

I dropped out of Reed College after the first 6 months, but then stayed around as a drop-in for another 18 months or so before I really quit. So why did I drop out?

It started before I was born. My biological mother was a young, unwed college graduate student, and she decided to put me up for adoption. She felt very strongly that I should be adopted by college graduates, so everything was all set for me to be adopted at birth by a lawyer and his wife. Except that when I popped out they decided at the last minute that they really wanted a girl.

So my parents, who were on a waiting list, got a call in the middle of the night asking :
"We have an unexpected baby boy; do you want him?"
They said: "Of course."

My biological mother later found out that my mother had never graduated from college and that my father had never graduated from high school. She refused to sign the final adoption papers. She only relented a few months
later when my parents promised that I would someday go to college.

And 17 years later I did go to college. But I naively chose a college that was almost as expensive as Stanford, and all of my working-class parents' savings were being spent on my college tuition. After six months, I couldn't see the value in it. I had no idea what I wanted to do with my life and no idea how college was going to help me figure it out. And here I was spending all of the money my parents had saved their entire life. So I decided to drop out and trust that it would all work out OK. It was pretty scary at the time, but looking back it was one of the best decisions I ever made. The minute I dropped out I could stop taking the required classes that didn't interest me, and begin dropping in on the ones that looked interesting.

It wasn't all romantic. I didn't have a dorm room, so I slept on the floor in friends' rooms, I returned Coke bottles for the 5¢ deposits to buy food with, and I would walk the 7 miles across town every Sunday night to get one good meal a week at the Hare Krishna temple. I loved it. And much of what I stumbled into by following my curiosity and intuition turned out to be priceless later on. Let me give you one example:

Reed College at that time offered perhaps the best calligraphy instruction in the country. Throughout the campus every poster, every label on every drawer, was beautifully hand calligraphed. Because I had dropped out and didn't have to take the normal classes, I decided to take a calligraphy class to learn how to do this. I learned about serif and sans serif typefaces, about varying the amount of space between different letter combinations, about what makes great typography great. It was beautiful, historical, artistically subtle in a way that science can't capture, and I found it fascinating.

None of this had even a hope of any practical application in my life. But 10 years later, when we were designing the first Macintosh computer, it all came back to me. And we designed it all into the Mac. It was the first computer with beautiful typography. If I had never dropped in on that single course in college, the Mac would have never had multiple typefaces or proportionally spaced fonts. And since Windows just copied the Mac, it's likely that no personal computer would have them. If I had never dropped out, I would have never dropped in on this calligraphy class, and personal computers might not have the wonderful typography that they do. Of course it was impossible to connect the dots looking forward when I was in college. But it was very, very clear looking backward 10 years later.

Again, you can't connect the dots looking forward; you can only connect them looking backward. So you have to trust that the dots will somehow connect in your future. You have to trust in something — your gut, destiny, life, karma, whatever. This approach has never let me down, and it has made all the difference in my life.

My second story is about love and loss.

I was lucky — I found what I loved to do early in life. Woz and I started Apple in my parents' garage when I was 20. We worked hard, and in 10 years Apple had grown from just the two of us in a garage into a $2 billion company with over 4,000 employees. We had just released our finest creation — the Macintosh — a year earlier, and I had just turned 30. And then I got fired. How can you get fired from a company you started? Well, as Apple grew we hired someone who I thought was very talented to run the company with me, and for the first year or so things went well. But then our visions of the future began to diverge and eventually we had a falling out. When we did, our Board of Directors sided with him. So at 30 I was out.

And very publicly out. What had been the focus of my entire adult life was gone, and it was devastating.

I really didn't know what to do for a few months. I felt that I had let the previous generation of entrepreneurs down — that I had dropped the baton as it was being passed to me. I met with David Packard and Bob Noyce and tried to apologize for screwing up so badly. I was a very public failure, and I even thought about running away from the valley. But something slowly began to dawn on me — I still loved what I did. The turn of events at Apple had not changed that one bit. I had been rejected, but I was still in love. And so I decided to start over.

I didn't see it then, but it turned out that getting fired from Apple was the best thing that could have ever happened to me. The heaviness of being successful was replaced by the lightness of being a beginner again, less sure about everything. It freed me to enter one of the most creative periods of my life.

During the next five years, I started a company named NeXT, another company named Pixar, and fell in love with an amazing woman who would become my wife. Pixar went on to create the world's first computer animated feature film, Toy Story, and is now the most successful animation studio in the world. In a remarkable turn of events, Apple bought NeXT, I returned to Apple, and the technology we developed at NeXT is at the heart of Apple's current renaissance. And Laurene and I have a wonderful family together.

I'm pretty sure none of this would have happened if I hadn't been fired from Apple. It was awful tasting medicine, but I guess the patient needed it. Sometimes life hits you in the head with a brick. Don't lose faith. I'm convinced that the only thing that kept me going was that I loved what I did. You've got to find what you love. And that is as true for your work as it is for your lovers. Your work is going to fill a large part of your life, and the only way to be truly satisfied is to do what you believe is great work. And the only way to do great work is to love what you do. If you haven't found it yet, keep looking. Don't settle. As with all matters of the heart, you'll know when you find it. And, like any great relationship, it just gets better and better as the years roll on. So keep looking until you find it. Don't settle.

My third story is about death.

When I was 17, I read a quote that went something like: "If you live each day as if it was your last, someday you'll most certainly be right." It made an impression on me, and since then, for the past 33 years, I have looked in the mirror every morning and asked myself: "If today were the last day of my life, would I want to do what I am about to do today?" And whenever the answer has been "No" for too many days in a row, I know I need to change something.

Remembering that I'll be dead soon is the most important tool I've ever encountered to help me make the big choices in life. Because almost everything — all external expectations, all pride, all fear of embarrassment or failure — these things just fall away in the face of death, leaving only what is truly important. Remembering that you are going to die is the best way I know to avoid the trap of thinking you have something to lose. You are already naked. There is no reason not to follow your heart.

About a year ago I was diagnosed with cancer. I had a scan at 7:30 in the morning, and it clearly showed a tumor on my pancreas. I didn't even know what a pancreas was. The doctors told me this was almost certainly a type of cancer that is incurable, and that I should expect to live no longer than three to six months. My doctor advised me to go home and get my affairs in order, which is doctor's code for prepare to die. It means to try to tell your kids everything you thought you'd have the next 10 years to tell them in just a few months. It means to make sure everything is buttoned up so that it will be as easy as possible for your family. It means to say your goodbyes.

I lived with that diagnosis all day. Later that evening I had a biopsy, where they stuck an endoscope down my throat, through my stomach and into my intestines, put a needle into my pancreas and got a few cells from the tumor. I was sedated, but my wife, who was there, told me that when they viewed the cells under a microscope the doctors started crying because it turned out to be a very rare form of pancreatic cancer that is curable with surgery. I had the surgery and I'm fine now.

This was the closest I've been to facing death, and I hope it's the closest I get for a few more decades. Having lived through it, I can now say this to you with a bit more certainty than when death was a useful but purely intellectual concept:

No one wants to die. Even people who want to go to heaven don't want to die to get there. And yet death is the destination we all share. No one has ever escaped it. And that is as it should be, because Death is very likely the single best invention of Life. It is Life's change agent. It clears out the old to make way for the new. Right now the new is you, but someday not too long from now, you will gradually become the old and be cleared away. Sorry to be so dramatic, but it is quite true.

Your time is limited, so don't waste it living someone else's life. Don't be trapped by dogma — which is living with the results of other people's thinking. Don't let the noise of others' opinions drown out your own inner voice. And most important, have the courage to follow your heart and intuition. They somehow already know what you truly want to become. Everything else is secondary.

When I was young, there was an amazing publication called The Whole Earth Catalog, which was one of the bibles of my generation. It was created by a fellow named Stewart Brand not far from here in Menlo Park, and he brought it to life with his poetic touch. This was in the late 1960s, before personal computers and desktop publishing, so it was all made with typewriters, scissors and Polaroid cameras. It was sort of like Google in paperback form, 35 years before Google came along: It was idealistic, and overflowing with neat tools and great notions.

Stewart and his team put out several issues of The Whole Earth Catalog, and then when it had run its course, they put out a final issue. It was the mid-1970s, and I was your age. On the back cover of their final issue was a photograph of an early morning country road, the kind you might find yourself hitchhiking on if you were so adventurous. Beneath it were the words: "Stay Hungry. Stay Foolish." It was their farewell message as they signed off. Stay Hungry. Stay Foolish. And I have always wished that for myself. And now, as you graduate to begin anew, I wish that for you.

Stay Hungry. Stay Foolish.

Thank you all very much.

용어 설명

세리프(Serif)와 산세리프(San Serif)

세리프체와 산세리프체의 차이는 명조체와 고딕체의 차이로 비교할 수 있다. 둘의 구분은 글자 획의 끝에 있는 '삐침'의 유무인데, 세리프체는 글자 획의 끝에 끝이 가는 삐침이 있는 서체로, 명조와 마찬가지로 가독성이 뛰어나기 때문에 신문에 자주 사용되는 서체이다. 산세리프는 고딕체와 같은 서체이다. 'San-Serif'의 'San'은 프랑스어로 '없다.'라는 뜻인데, 빨간색의 삐침 표시를 없앤 것이 산세리프체이며, 현대적이고 도시적인 느낌을 주어 웹 페이지에서 많이 사용한다.

세리프(Serif)체　　　　　　산세리프(San Serif)체

AaBbCc　AaBbCc

복수 서체 기능(複數書體技能)

지금 컴퓨터에서 왼쪽과 오른쪽에 있는 시프트 바와 스페이스 바를 동시에 누르면 영어와 한글 또는 자신이 입력한 글자체로 바뀐다. 만약 명조체와 고딕체를 사용하기 위해 글자체를 정해 놓으면 글자체도 바뀔 수 있다. 이것을 '복수 서체 기능'이라고 한다.

자동 자간 맞춤 기능

우리가 컴퓨터에서 글자를 입력하고 스페이스 바를 누르면 글자의 띄어쓰기가 한 칸씩 자동으로 입력된다. 이때 가장 보기 편한 띄어쓰기가 되도록 자동으로 자간을 맞추어 놓았는데, 이 기능을 말한다. 지금은 당연한 기능이라고 생각하지만 세계 최초로 PC를 만들 때는 어느 정도 띄어야 예쁘게 보이는지를 고심했을 것이다.

펴내는 글 – 우리는 왜 스티브 잡스를 배워야 하는가?

비전을 제시한 사람

우리가 스티브 잡스의 연설문을 단행본으로 출간하는 이유는 연설이 멋지기도 하지만, 스티브 잡스가 21세기의 비전을 제시한 사람이라고 생각하기 때문이다.

스티브 잡스의 스탠포드 대학교 졸업식 연설은 읽을 때마다 의미가 다르다. 어떤 때는 생각의 깊이를, 어떤 때는 일에 대한 열정을, 어떤 때는 미래를 바라보는 독특한 관점을 느낄 수 있다. 그의 연설은 우리로 하여금 삶에 대한 통찰이나 살아가는 방법을 생각하게 한다. '현재의 일은 필연적으로 미래에 연결된다.'는 그의 주장은 우리의 머리와 가슴을 동시에 울린다.

그는 일반인이 예상하지 못한 21세기의 비전을 구현한 사람이기도 하다. 일부에서는 스티브 잡스를 단지 스마트폰을 만든 사람으로 알고 있지만, 그는 컴퓨터에 아름다운 서체와 그림을 넣은 컴퓨터 디자이너이기도 하다. 그래서 스티브 잡스는 '컴퓨터를 이용한 디자인의 선구자', '컴퓨터를 이용한 3D 애니메이션의 길을 연 사람'이라고도 한다.

스티브 잡스는 스마트폰을 위시하여 여러 제품을 탄생시킴으로써 수억 개의 새로운 일자리를 만들었고, 스마트폰과 아이튠, 컴퓨터 애니메이션 등을 이용한 수백조 원의 부가 가치 창출에 기여한 사람이기도 하다. 이런 일이 가능했던 까닭은 그가 자신의 일을 사랑했을 뿐만 아니라 끊임없이 새로운 가치를 창조하려고 노력했기 때문이다.

스티브 잡스는 핸드폰을 이용한 해외 무료 통화와 게임, 카톡과 인스타그램 그리고 유튜브와 트위터의 선풍을 가능케 했고, 휴대용 번역기를 비롯한 휴대용 내비게이션과 휴대용 인터넷이 일상화되는 데 지대한 영향을 미친 사람이다. 대한민국의 삼성도 애플과 더불어 성장했다. 스티브 잡스는 이와 같은 사실만으로도 역사적인 인물이라고 할 수 있다.

3차 산업 혁명의 종결자

　현재 많은 사람이 4차 산업 혁명이 시작되었다고 말하지만, 그 누구도 언제 어떻게 3차 산업 혁명이 끝났는지를 언급하지 않는다. 3차 산업이 원자력과 반도체 그리고 컴퓨터로 시작되었다면 마무리는 스마트폰이었다고 해도 과언이 아니다. 그런 점에서 3차 산업 혁명의 종결자는 스티브 잡스라고 할 수 있다. 지금은 3차 산업 혁명의 대단원의 막이 내려가는 시기이다.

　제1차 산업 혁명은 철도와 증기 기관의 발명이 원동력이었다. 그리하여 사람의 힘 대신 기계의 힘을 이용한 대량 생산이 가능했고 세계적으로도 생산과 공급이 그전과는 비교가 되지 않을 정도로 증가했다.

　제2차 산업 혁명은 전기와 컨베이어 벨트를 이용한 자동화가 원동력이라고 할 수 있다. 그 결과 자동차의 대량 생산이 가능했고 높은 빌딩을 지을 수 있었다. 정유 산업과 철강 산업이 그 뒤를 따랐다.

제3차 산업 혁명의 한 축은 원자력이고 다른 한 축은 반도체와 인터넷이다. 이 시기는 컴퓨터와 인터넷을 이용한 정보 통신 기술 시대라고 정리할 수 있다. 원자력으로 에너지 공급량이 획기적으로 늘었고 컴퓨터로 인해 처리해야 할 서류가 대폭 줄었으며 문서의 자동화가 가능해졌다. 이 시기에는 그전에 볼 수 없었던 다양한 온라인 게임과 엄청난 양의 동영상 그리고 사람의 힘으로 처리할 수 없는 많은 양의 데이터가 상상을 불허할 정도로 쏟아지기 시작했다.

제4차 산업 혁명은 재활용 에너지와 사물 인터넷(IoT) 그리고 인공 지능이 핵심이다. 시간이 흐르면 인공 태양이 에너지원의 핵심이 될 수도 있다. 이 시대는 인간과 인간, 사물과 사물, 인간과 사물의 상호 연결뿐만 아니라 실재와 가상의 연결이 가능하다. 그와 동시에 빅 데이터와 그것을 근거로 스스로 학습할 수 있는 인공 지능이 대두하였다. 그리하여 굉장한 효율을 자랑하는 2차 전지를 이용한 자율 주행 자동차, 3D 프린터, 가상 현실이나 증강 현실을 이용한 산업, 알아서 일하는 로봇을 이용한 최첨단 산업 등이 엄청난 속도로 발전할 것이다. 이것이 보편화된다면 제5차 산업 혁명을 논의할 수 있을 것이다.

스마트폰과 스티브 잡스

휴대용 인터넷이나 새로운 스마트폰 게임 또는 새로운 동영상을 보거나 정보를 얻기 위해서는 스마트폰이 필수적이다. 한 손에 들고 다니는 스마트폰 덕분에 전화뿐만 아니라 인터넷을 이용할 수 있고, 사진을 찍어 그 자리에서 편집하여 전송하는 일이 가능해졌다. 이런 일은 10여 년 전만 해도 상상하기 어려운 일이었다.

스마트폰을 처음 만든 회사는 애플이 아니라 IBM이었다. 하지만 현재와 같이 데이터 전송이 가능한 스마트폰은 스티브 잡스가 만든 아이폰이 최초였다. 스티브 잡스는 통화 중에 데이터 전송과 컴퓨터 기능을 활용할 수 있도록 만든 사람이다. 그런 점에서 스티브 잡스는 21세기에 새로운 비전을 제시했을 뿐만 아니라 그것을 구현한 인물이라고 할 수 있다.

인터넷은 되지 않지만 통화가 가능했던 휴대폰도 있었다. 그와 같은 휴대폰도 처음 등장할 때는 깜짝 놀랄 만한 제품이었다. 휴대폰을 처음 만든 회사는 '모토로라'였고 가장 많이 만들었던 회사는 핀란드의 '노키아'였지만 스마트폰이 등장하면서 삼성과 애플 그리고 화웨이, 샤오미 등에 완전히 밀렸다.

현대인은 스마트폰이 없으면 불안하다. 전화나 문자는 물론 유튜브, 카톡, 인스타그램, 트위터, 라인, 텔레그램 등을 하루라도 하지 못하면 불편한 시대가 되었다. 스마트폰으로 외국에 있는 친구와 무료 통화를 할 수 있고, 친구와 이야기하다가 즉시 알아야 할 정보가 있다면 실시간으로 검색할 수 있다. 걸어다니면서 만화나 소설을 볼 수도 있고 음식 주문이나 장도 볼 수 있다. 스마트폰은 내비게이션도 되고 게임기도 되며 카메라로 변신하기도 한다. 멋진 음악을 동영상과 함께 재생할 수 있고 집안일도 가능하다. 스마트폰은 휴대용 컴퓨터이자 만능 도구이다.

스마트폰은 TV나 일기 등 스마트폰 안에서 운용 가능한 애플리케이션(앱)이 많아야 더욱 유용하다. 스마트폰에서 사용할 수 있는 애플리케이션만 수백만 개이고 애플리케이션의 제작과 소비 덕분에 새로운 인생을 사는 사람들이 수억 명이다. 스마트폰에서 파생된 경제 규모는 웬만한 나라의 경제 규모 이상이다. 스마트폰으로 볼 수 있는 동영상은 수백억 개가 넘고 정보 역시 거의 무한정이다. 스마트폰은 그만큼 현대인의 미래와 필수적으로 연관된다.

스마트폰의 탄생은 세계 시장을 바꾸어 놓았다. 대한민국도 스마트폰 덕분에 발전하는 나라들 가운데 하나이다. 4차 산업 혁명이 진행되는 동안, 세계 시장이 어떻게 바뀔지 그 누구도 단언하기 어렵다. 하지만 4차 산업 혁명도 당분간은 스마트폰 기술과 함께 갈 수밖에 없다는 것은 분명하다. 그런 점에서 한동안은 스마트폰이 21세기 최고의 발명품이라고 할 만하다. 스티브 잡스의 이름도 스마트폰을 사용하는 기간 이상으로 세계인의 뇌리에 오래도록 박혀 있을 것이다. 스티브 잡스는 역사이자 전설이다.

스티브 잡스의 생애 & 이력

- 1955 출생.
- 1972 고교 졸업, 스티브 워즈니악과 만남, 리드 대학에 입학하지만 자퇴 후 청강.
- 1973 아타리사(社)에 디자이너로 취직했으나 이내 퇴사.
- 1976 스티브 워즈니악과 손잡고 애플사(社) 창업, 첫 퍼스널 컴퓨터 애플I 출시.
- 1977 애플II 출시.
- 1984 매킨토시 컴퓨터 출시.
- 1985 애플사(社)에서 해고된 후에 NeXT사(社) 설립.
- 1986 픽사(Pixar) 인수.
- 1995 첫 3D 애니메이션 〈토이 스토리(Toy Story)〉 제작. 대 히트.
- 1996 애플의 NeXT사(社) 인수, 애플사(社)의 경영 컨설턴트로 복귀.
- 1998 아이맥(iMac) 출시.
- 2001 아이팟(iPod) 출시.
- 2004 애플사(社)의 CEO로 완전 복귀, 그러나 췌장암 판정.
- 2005 스탠포드 대학교에서 연설.
- 2007 최초의 스마트폰 아이폰(iPhone) 출시.
- 2010 태블릿 PC 아이패드 출시.
- 2011 사망.